LE NOTAIRE

DES

GENS DE LA CAMPAGNE,

OU

TRAITÉ

CONTENANT LES DEVOIRS DES NOTAIRES, LA TAXE DE TOUS
LEURS ACTES, LE MODE DE PROCÉDER A CETTE TAXE
LE CAS OU LE TRAITÉ AMIABLE DOIT AVOIR LIEU, L'É-
NUMÉRATION DE TOUS LES ACTES QUI PEUVENT AVOIR
LIEU SOUS SEING, LE MODE DE VENDRE SOI-MÊME SES
PROPRIÉTÉS AUX ENCHÈRES, etc., etc. ;

Par J.-Vb. Chanu.

BEAUVAIS,

MOISAND, IMPRIMEUR-LIBRAIRE.

1833.

F

LE NOTAIRE

DES

GENS DE LA CAMPAGNE.

Tous les Exemplaires sont signés de l'Auteur.

Charier

LE NOTAIRE

DES

GENS DE LA CAMPAGNE,

ou

TRAITÉ

CONTENANT LES DEVOIRS DES NOTAIRES, LA TAXE DE TOUS
LEURS ACTES, LE MODE DE PROCÉDER A CETTE TAXE,
LE CAS OU LE TRAITÉ AMIABLE DOIT AVOIR LIEU, L'É-
NUMÉRATION DE TOUS LES ACTES QUI PEUVENT AVOIR
LIEU SOUS SEING, LE MODE DE VENDRE SOI-MÊME SES
PROPRIÉTÉS AUX ENCHÈRES, etc., etc.;

Par J.-B. Chamu.

BEAUVAIS,

MOISAND, IMPRIMEUR-LIBRAIRE,

1833.

LE NOTAIRE

DE LA CAMPAGNE,

TRAITÉ

BEAUVAIS, IMP. DE MOISAND.

PREFACE.

Le notariat, aujourd'hui l'objet de l'étonnement public, cessera de l'être dès qu'on fera voir que, depuis long-temps, on voit les choses autrement qu'elles ne sont; que tout est dû à l'ignorance des affaires, à la crédulité, à la confiance aveugle, à l'apathie, à la faiblesse des contractans.

Ouvrir les yeux à l'aveugle, tel a été le but de cet opuscule.

On a encore eu pour but de mettre à portée de la purge de toutes espèces d'hypothèques, comme de la conduite à tenir pour faire un prêt, une consignation; comme de rédiger les actes d'un usage journalier : pour cela digne d'être lu non-seulement par l'homme de la campagne, mais encore par l'homme de la ville, et même par un publiciste, pour les lois dont l'urgence est démontrée.

NOTAIRE.

Un Notaire est un officier public, responsable, tenu de prêter son ministère toutes les fois qu'il en est requis, comme de communiquer les minutes à qui de droit, et d'en délivrer grosse, expédition ou extrait ; salarié pour le transport au myriamètre, à la vacation pour la passation de certains actes, et par traité amiable pour certains autres ; soumis, en cas de difficulté, à la taxe du tribunal, sur l'avis de la chambre, et à celle du Président sans cet avis ; établi pour recevoir les actes auxquels les parties doivent ou veulent faire donner l'authenticité attachée aux actes de l'autorité publique, et pour en assurer la date, en conserver le dépôt.

Officier dont le ministère est indispensable pour certains actes, et dont il ne l'est pas pour certains autres qui peuvent avoir lieu sous seing privé ;

Officier se chargeant, quoique hors de ses fonctions, de la purge de toutes espèces d'hypothèques, comme de mille autres choses faisant partie de l'agence d'affaires.

VALEUR D'UN NOTARIAT.

On peut dire qu'un notariat de canton vaut une sous-préfecture, un notariat de département une préfecture, un notariat de bonnes villes un portefeuille. Le plus petit notariat peut faire cinq cents actes, à dix francs l'un dans l'autre, 5,000 fr. ; cinq cents expéditions, à dix fr., encore 5,000 ; voyages et agence d'affaires, 2,000 fr. : toutes ces évaluations sont modestes.

On passe sous silence les recherches, le répertoire, le sceau, le timbre, la banque, que viij

peut faire un Notaire, toutes choses de quelque importance.

De là, sans doute, cette haute confiance dans le notariat. Est-elle méritée? Le tribunal de l'opinion publique est là; c'est à lui à prononcer.

LE NOTAIRE

GENS DE LA CAMPAGNE.

MINISTÈRE.

Les Notaires sont des fonctionnaires publics (art. 1ᵉʳ de la loi du 25 ventôse an xi) , tenus de prêter leur ministère toutes les fois qu'ils en sont requis. (Art. 3 , *ibid.*)

En conséquence , un Notaire peut être contraint à recevoir un acte toutes les fois que cet acte est licite et non prohibé par les lois et les mœurs.

Le refus de recevoir un acte doit être constaté par Huissier , avec offre de deniers suffisans pour honoraires et déboursés.

On doit dénoncer ce refus à la chambre des Notaires. (Art. 2 de l'arrêté du 2 nivôse an xii.)

RESPONSABILITÉ

Les Notaires sont responsables des nullités qu'ils commettent dans leurs actes. (Ainsi jugé par la cour de cassation , le 14 mai 1821.)

Ils sont aussi responsables des sommes reçues en leur

nom par leurs clercs; il en est de même du prix d'une vente. (Ainsi jugé par la cour de cassation, le 20 juillet 1821.)

Ils sont non-seulement responsables d'une somme d'argent remise pour subvenir aux droits d'enregistrement; mais encore passibles des peines portées en l'art. 408 du code pénal.

Communication des minutes.

La communication des actes ne peut être refusée aux parties intéressées en nom direct, héritiers, ou ayant droit. (Art. 23 de la loi du 25 ventôse an xi; Paris, 22 juillet 1809.)

Un tel refus doit être constaté par Huissier.

On doit, par le même acte, citer le Notaire refusant en référé, par-devant M. le Président, aux fins de voir dire à tort le refus et ordonner la communication demandée; le tout avec dépens.

Nota. On peut dénoncer ce refus à la chambre des Notaires. (Art. 2, n° 3, de l'arrêté du 2 nivôse an xii.)

Copie, expédition, ou première grosse.

Dans l'usage, on refuse expédition d'un acte dont la minute est encore due.

Un tel refus est fondé sur l'art. 851 du code de procédure.

Néanmoins, s'il était dû plusieurs actes, et que l'on n'eût besoin que de l'un de ces actes, on pourrait contraindre à la délivrance de celui dont on aurait besoin, nonobstant le non paiement des autres. S'il y avait des à-comptes, on pourrait (art. 1256 du code civil) les imputer sur le plus ancien, à moins que le débiteur n'eût accepté une quittance contraire à cette imputation.

Pour obtenir expédition d'un acte, on assigne devant le tribunal, en vertu de permission de M. le Président, le Notaire refusant (art. 839 du code de procédure), sans préliminaire de conciliation.

L'affaire est jugée sommairement. (Art. 840, *ibidem.*)

Il en est de même pour un extrait.

Nota. On peut dénoncer ce refus à la chambre.

Grosse.

Pour obtenir une seconde grosse, on présente à M. le Président une requête qu'on fait signifier avec l'ordonnance au Notaire récalcitrant et aux parties intéressées. (Art. 844, code p.)

En cas de contestation, les parties se pourvoient en référé. (Art. 845, code p.)

On procède pour obtenir une première grosse comme on le fait pour obtenir expédition. (Voir ci-dessus.)

Quittances.

Il est peu commun que les Notaires fournissent quittances des frais qui leur sont payés comme de toutes
sommes qui entrent dans leurs études ; néanmoins, tout
argent doit reçu : la raison et le bon sens le dictent.

Un Notaire délicat ne refusera jamais un tel reçu ; et
il doit le refuser d'autant moins qu'il a action pendant
trente ans pour se faire payer.

Tarif.

Comme les Huissiers, comme les Avoués, les Notaires
sont régis par le tarif de 1807.

Vacations.

Il est alloué aux Notaires (art. 168 du tarif de 1807),
lorsqu'ils opèrent dans un rayon d'un myriamètre (deux
lieues) de leur résidence, par chaque vacation, à Paris,
9 fr. ; dans les villes où il y a un tribunal de première
instance, 6 fr. ; partout ailleurs, 4 fr.

La vacation est de trois heures.

Il n'est rien dû pour les minutes. (Art. 169, ibid.)

Transport.

Il est alloué aux Notaires, lorsqu'ils sont obligés de se
transporter à plus d'un myriamètre de leur résidence,

pour tous frais de voyage et de nourriture, par chaque myriamètre, pour l'aller, à Paris, 7 fr. 20 c.; dans les villes où il y a un tribunal de première instance, 4 fr. 80 c.; partout ailleurs, 3 fr. 20 c. (Art. 170, T.)

Autant pour le retour.

Ainsi, un inventaire dressé par un Notaire de Paris, à deux myriamètres de Paris, contenant quatre vacations, coûtera :

1° Pour l'aller............... 14 f. 40 c. ⎫
2° Pour le retour......... 14   40   ⎬ 64 f. 80 c.
3° Pour quatre vacations... 36   00   ⎭

Plus, le timbre-minute et l'enregistrement.

Le même inventaire, dans une ville où il y a un tribunal de première instance, coûtera :

1° Pour l'aller............ 9 f. 60 c. ⎫
2° Pour le retour......... 9   60   ⎬ 43 f. 20 c.
3° Pour quatre vacations... 24   00   ⎭

Plus, le timbre et l'enregistrement.

Enfin, partout ailleurs, il coûtera 28 fr. 80 c.

Actes susceptibles d'émolumens par vacations.

Les actes susceptibles d'émolumens par vacations sont :

Les procès-verbaux de compulsoire;

Le transport devant le juge, pour collationner les actes, si ce transport a été requis par les parties;

Les actes respectueux;

Les inventaires, quelle qu'en soit la cause;

Les référés devant M. le Président du tribunal;

Les procès-verbaux de comptes, rapports, formation de masses, prélèvemens, composition de lots, fournissemens, etc.

Le transport au greffe, pour y déposer la minute du procès-verbal des difficultés élevées dans les partages.

Par analogie :

Les partages volontaires;

Les liquidations de successions et de communauté;

Les réglemens de comptes, même ceux qui se font ensuite de ventes mobilières et immobilières, entre les héritiers ou co-propriétaires et créanciers intervenans;

Les transactions sur comptes et difficultés;

Le transport au tribunal pour faire la présentation, et assister à l'ouverture des testamens mystiques et pour les retirer;

Les contrats d'union, contenant le détail des biens délaissés lorsqu'il n'y a pas transmission de propriété;

Les procès-verbaux de défaut contre une partie citée à se rencontrer en l'étude, soit pour passer ou ratifier un acte, soit pour tout autre objet;

Les procès-verbaux d'enquête;

Les déclarations de témoins et autres actes descriptifs.

Nota. Quant aux vacations employées aux partages et aux comptes, le nombre doit en être fixé par M. le Président (art. 171, T.); il peut arbitrer un nombre plus grand que le réel; cependant, toutes les fois qu'un Notaire paraîtra insatiable, qu'on se retire hardiment devant ce juge.

Douze vacations donnent quatre jours de travail, et vingt-quatre vacations en donnent huit.

Certes, en ce laps de temps, on peut faire beaucoup de besogne, par exemple, opérer une liquidation assez considérable.

Il ne peut être alloué que trois vacations par jour. (Art. 151, T.)

Les partages, les liquidations, les comptes volontaires doivent se régler d'après l'art. 171 du tarif.

Pour les autres actes, le Notaire est tenu de constater lui-même le temps qu'il y aura employé. (Art. 168, T. n° 8; art. 1er et 2 du décret du 10 brumaire au xiv.)

Si l'on reconnaît qu'il ait été employé plus de temps que le nécessaire, on pourra faire taxer.

Remises.

La remise accordée aux Avoués par l'art. 113 du tarif de 1807, est accordée (art. 172, *ibid.*) aux Notaires pour les ventes ou licitations renvoyées par les tribunaux devant eux.

Les émolumens des Notaires de Paris, Lyon, Bordeaux, Rouen, seront, en conséquence, d'un pour cent, jusqu'à 10,000 fr.; de demi pour cent sur la somme excédant 10,000 fr. jusqu'à 50,000 fr.; sur la somme de 50,000 fr. à 100,000 fr., un quart pour cént; et sur l'excédant de 100,000 fr., indéfiniment, un huitième pour cent.

Par exemple, pour une vente de 10,000 fr., il sera dû, à Paris, 100 francs.

Partout ailleurs, 75 fr.

Pour une vente de 200,000 fr., il serait dû à Paris :

1º Pour 10,000 fr............	100 f.		
2º Pour 40,000 fr............	200		550 fr.
3º Pour 50,000 fr...........	125		
4º Pour 100,000 fr..........	125		

Total.. 200,000 fr.

Partout ailleurs................ 412 fr. 50 c.
L'enregistrement et le timbre en plus.

Nota. Les ventes et licitations volontaires nécessitant moins de travail que celles renvoyées par les tribunaux, il n'y a pas de raison d'accorder de plus gros émolumens.

En conséquence, les art. 172 et 113 du tarif sont parfaitement applicables.

Toutes les fois donc qu'un Notaire exigera au-delà de ces émolumens, qu'on se pourvoie devant M. le Président.

Pour une donation, mêmes émolumens que pour une

vente; il y a même raison, la donation étant considérée en droit comme vente.

Pour les baux à ferme et à loyer, le tiers des émolu-mens de vente; de même pour les baux à cheptel.

Les lois électorales ont considéré le fermier comme propriétaire pour un tiers dans les biens par lui exploités ; il y a même raison pour asseoir les honoraires d'un No-taire.

On cumulera toutes les années.

Ce mode est plus exact que de prendre les honoraires sur une année, et à raison de 24 fr. du mille.

Par exemple, un bail pour 9 ans, à raison de 1,000 fr. par an, donne pour les 9 années 9,000 fr.

Un tel bail devrait coûter :

A Paris. . . . .   30 fr. 00 c.

Partout ailleurs.   22   50

Un bail de 10,000 fr. par an, pour 9 ans, coûtera à Paris :

1° Pour 10,000 fr. . . . . .   33 f. 33 c. ⎫
2° Pour 40,000 fr.   66   66   ⎬   133 f. 32 c.
3° Pour 40,000 fr.   33   33   ⎭

Total.. 90,000 fr.

Partout ailleurs. . . . .   99 f. 99 c.

Pour échange, mêmes émolumens que pour ventes.

Le contre-change est le prix de l'échange.

2

Au moyen de ces assimilations parfaitement conformes à la raison, et le Notaire, et les parties, et le Magistrat cesseront de marcher sans guide.

Traité amiable.

Il existe des actes dont les honoraires n'ont pas pu être prévus par le tarif de 1807 ; et qui, pour cela, doivent être réglés amiablement. (Art. 51 de la loi du 25 ventôse an XI ; art. 173, T.)

Le réglement amiable doit avoir lieu avant la passation de l'acte.

On peut insérer dans l'acte même le réglement en ces termes :

Les honoraires du présent ont été fixés à la somme de........

TARIF *pouvant servir d'interprète à l'article* 173 *du tarif de* 1807, *et à l'article* 51 *de la loi du* 25 *ventôse.*

Art. 1er. On devra allouer aux Notaires de Paris, Lyon, Bordeaux, Rouen ; 1° pour ventes mobilières, autres que par enchères ;

2° Pour tout acte portant transmission de biens, soit en usufruit, soit en une propriété ;

3° Pour échange d'immeubles ;

4° Pour obligations avec antichrèse, avec ou sans hypothèques, avec ou sans cautionnement, quel qu'en soit l'objet ;

5° Pour concordats, contrats-d'union ; contrats-d'atermoiement sur les sommes promises ;

6° Pour cessions ou constitutions de rentes perpétuelles où viagères ;

7° Pour acte de société ;

8° Pour arrêté de compte ;

9° Pour transports ou subrogations de créances, droits ou actions sur des tiers, jusqu'à 10,000 fr., un pour cent ; de 10,000 fr. à 50,000 fr., un demi pour cent ; de 50,000 fr. à 100,000 fr., un quart pour cent ; de 100,000 fr. indéfiniment, un huitième pour cent.

Pour la quittance de tous les actes ci-dessus, la moitié ; il sera passé les trois quarts aux autres Notaires.

Art. 2. On devra allouer 5 fr. fixe, à Paris, Lyon, Bordeaux, Rouen, 1° pour acceptation de donations et autres actes ;

2° Pour acquiescement ou renonciation pure et simple ;

3° Pour acte interprétatif ou confirmatif ;

4° Pour autorisations quelconques ;

5° Pour certificats de propriété et autres ;

6° Pour consentements à mariage et autres ;

7° Pour constitutions d'hypothèques par acte particulier ;

8° Pour quittances, décharge, remise pure et simple ;

9° Pour déclaration de command ;

10° Pour dépôt ou reconnaissance d'acte sous seing privé ;

11° Pour dissolution de société ;

12° Pour main-levée d'opposition ou autres ;

13° Pour nomination de tuteur par père et mère ;

14° Pour acte de notoriété ou d'identité ;

15° Pour procuration de toute espèce ;

16° Pour ratifications ;

17° Pour reconnaissance d'enfant naturel ;

18° Pour révocation d'actes n'emportant pas rétrocession ou transmission de propriété ;

19° Pour transaction ne contenant ni obligation ni transmission de biens ;

20° Pour tous traités et conventions ne portant aucunes sommes déterminées ;

21° Pour compromis ;

22° Pour testamens ;

23° Pour apprentissage et baux à nourriture.

Partout ailleurs, les trois quarts.

Art. 3. On devra allouer à Paris, Lyon, Bordeaux, Rouen, pour contrats de mariage ou conventions matrimoniales, 10 fr. fixe ; pour donations éventuelles, mêmes émolumens ;

Plus, pour donation de biens présens que se feront les futurs, ou qui leur seront faites, les émolumens accordés pour cet acte. De même pour les préciputs.

Partout ailleurs, les trois quarts.

Le but de ce tarif est de faciliter aux parties les offres qu'elles doivent faire pour tous les actes susceptibles du traité amiable. On a choisi pour en faire connaître les salaires, la forme du tarif de 1807.

Quoiqu'on rétribue largement le notariat, ce sera un guide.

Il faut remarquer qu'on peut débattre, tel qu'on le fait pour tout autre travail salarié, les honoraires d'un Notaire.

Pour un dépôt d'acte sous seing, il n'est dû que les salaires pour dépôt; il n'est rien dû pour la façon de l'acte déposé; il n'est pas l'ouvrage du Notaire.

Expédition.

Les expéditions des actes sont payées à Paris, Lyon, Bordeaux, Rouen, à raison de 3 fr. le rôle; 2 fr. dans les villes où existe un tribunal de première instance; et partout ailleurs, 1 fr. 50 cent.

La page doit contenir 25 lignes, et la ligne 15 syllabes. (Art. 174, T.)

Par exemple, une feuille de timbre contenant deux rôles (4 pages) coûtera à Paris :

1° Pour le timbre... .... 1 f. 25 c.
2° Pour les deux rôles...... 6 00 } 7 f. 25 c.

Dans les villes où il existe un tribunal de première instance..................... 5 f. 25 c.

La même, dans un canton rural, coûtera :

1° Pour le timbre........ 1 fr. 25 c. ⎫
2° Pour les deux rôles.... 3   00 ⎬ 4 f. 25 c.
                                    ⎭

Le troisième Tarif.

Le tarif du 16 février 1807, décrété pour le ressort de la cour royale de Paris, a été déclaré commun à toute la France par l'art. 4 d'un troisième tarif du même jour 16 février. Cet art. 4 porte, qu'en conséquence, dans tous les chefs-lieux de cour royale, les droits de taxe seront perçus comme à Paris ;

Que partout ailleurs, ils seront perçus comme dans le ressort de la cour royale de Paris.

Ainsi, le Notaire de Caen et celui d'Amiens seront salariés comme celui de Paris.

De même, le Notaire de Rouen.

Amiens, Caen, Rouen, sont des chefs-lieux de cour royale; pour cela les émolumens seront les mêmes qu'à Paris, Lyon, Bordeaux.

La vacation est de 9 fr. à Amiens, de même qu'à Paris ; le rôle sera de 3 fr. à Rouen tel qu'il est à Paris et Amiens; et de 1 fr. 50 cent. à Gournay et Caudebec, chefs-lieux de canton, tel qu'à Neuilly, Vincennes, autres chefs-lieux de canton.

Le tarif ne comprend que l'émolument net :

Les déboursés doivent être payés en sus. (Art. 151, T.)

Protêt.

Les Notaires ont caractère pour faire les protêts. (Art. 173 , code de commerce.)

Ils perçoivent les mêmes émolumens que les Huissiers. (Art. 65 , T.)

Taxe. — Du mode d'y procéder devant la chambre des Notaires.

Il y a près de chaque tribunal de première instance une chambre des Notaires. (Art. 1er de l'arrêté du 2 nivôse an XII.)

Les attributions de cette chambre, entre autres, sont de donner, comme tiers, son avis sur les difficultés concernant le réglement des honoraires et vacations des Notaires, ainsi que sur tous différends soumis à eet égard au tribunal civil. (Art. 2 , ibid.)

Les réclamations ou plaintes des parties sont déférées à la chambre par son Syndic.

Il est tenu de le faire.

Le Notaire inculpé est cité à la diligence du Syndic. (Art. 12 , ibid.)

Ainsi, toutes les fois qu'on voudra faire taxer, on adressera ses réclamations par une missive au Syndic de la chambre.

MODÈLE DE MISSIVE.

A Monsieur le Syndic de la chambre des Notaires de l'arrondissement de

Monsieur,

Le sieur Jean D..., propriétaire, demeurant à   ;
a l'honneur de vous exposer que M.   , Notaire
à la résidence de   , a reçu pour l'exposant un
acte le dix mai dernier ; que ledit M.   réclame
300 fr. pour honoraires, tandis qu'il ne peut être dû
que 200 fr. ; qu'une vente volontaire n'exigeant pas de
plus grands soins qu'une vente renvoyée par les tribunaux, c'est le cas d'appliquer l'art. 113 du tarif ; que la
vente dont s'agit ne s'élève qu'à 30,000 fr.

Veuillez, Monsieur, dénoncer ma réclamation à la
chambre pour qu'elle ait à donner son avis.

Veuillez aussi m'indiquer le jour qu'elle ajournera
ledit Notaire.

Je suis avec un profond respect.

D...

A   , le 10 juin 1833.

Nota. On doit garder copie de cette missive.
Après un ou deux mois écoulés sans réponse, on
adressera copie de la lettre ci-dessus, ou à M. le Procu-

reur du Roi, ou à M. le Procureur général, même au Ministre de la justice, s'il est besoin.

M. le Procureur du Roi a le droit de convoquer la chambre.

On doit affranchir les lettres.

LETTRE.

A Monsieur le Procureur du Roi près le tribunal de première instance de

Monsieur,

Le sieur Jean D...., propriétaire, demeurant à   , a l'honneur de vous adresser copie d'une lettre en date de   ; cette lettre étant restée sans réponse jusqu'à ce jour, j'ai recours à vous, Monsieur, pour être fait droit à ma réclamation.

Je suis votre très-humble serviteur.

D....

A   , ce 30 juillet 1833.

Toutes les fois qu'un tiers a lieu de se plaindre d'un Notaire pour raison de ses fonctions, la chambre doit concilier les parties si elle le peut, sinon, donner son avis.

On doit procéder comme dessus, adresser ses réclamations au Syndic de la chambre. (Art. 2 ; *ibid.*)

Du mode de procéder à la taxe devant le tribunal.

Avant le tarif de 1807, les tribunaux étaient seuls compétens pour régler les honoraires des Notaires, lorsqu'ils ne l'avaient point été à l'amiable entr'eux et les parties. (Art. 51 de la loi du 25 ventôse.)

C'est le tribunal de la résidence du Notaire qui doit connaître de cette demande.

On procède sur simples mémoires et sans frais. (Art. 51, *ibid.*)

On pourrait cependant, à ses frais, faire présenter ses réclamations par un Avocat.

Les parties doivent prendre l'avis de la chambre avant d'obtenir jugement.

Le tribunal lui-même doit le prendre si les parties ne l'avaient pas fait. (Cass., 17 mars 1829.)

Nota. On doit assigner à huitaine franche avec les délais pour les distances.

L'action pour trop perçu doit toujours être portée devant le tribunal.

C'est une demande en restitution.

Du mode de procéder à la taxe devant M. le Président.

Avant le tarif de 1807, le droit de taxer appartenait aux tribunaux (art. 51 de la loi de ventôse) ; mais depuis ce tarif, ce droit a été transféré au seul Président. (Art. 173, T.)

M. le Président n'est pas obligé, avant de taxer, de prendre l'avis de la chambre. (Cass., 24 mars 1825 et 19 mars 1828.)

. On cite le Notaire à huitaine franche ; il doit se munir de la minute de l'acte à taxer. (Bourges, 30 décembre 1829.)

On pourrait obtenir de M. le Président une lettre qui ajournerait le Notaire ; ce dernier doit y obtempérer. (Bourges, 30 décembre, *ibid.*)

Il faut remarquer que la taxe de M. le Président est plus expéditive que celle des tribunaux ; mais qu'une telle taxe n'a aucune force d'exécution ; ce n'est qu'un préalable d'instance auquel le Notaire et les parties peuvent s'arrêter, mais qu'ils peuvent aussi faire suivre d'une contestation devant les tribunaux.

Il faut encore remarquer qu'il n'y a plus lieu à la taxe lorsqu'il y a eu réglement ; que le paiement volontaire est considéré équivaloir à réglement amiable.

Il n'en serait pas ainsi pour les actes dont le coût est tarifé ; on serait recevable dans une demande en restitution pour trop payé.

Honoraires d'un acte imparfait.

Souvent, au moment de signer un acte, les parties se retirent sans le faire.

Souvent, après avoir pris communication d'un projet, elles ne peuvent s'accorder.

Le Notaire doit-il, dans ces circonstances, perdre son travail ? L'équité ne le veut pas ; mais quels honoraires seront dûs ?

L'usage accorde la moitié de ceux qui seraient alloués si l'acte eût été parfait.

Recherches.

Dans la plupart des études, on fait payer un droit de recherche pour les actes dont on demande l'expédition ; ce qui n'est pas dû.

On s'alloue 1 fr. 50 c. par année ; ce qui n'est fondé sur aucune loi.

Il n'est pas non plus dû de recherche pour avoir communication d'un acte dont on indique la date.

Il pourrait en être autrement lorsqu'il faut réellement faire une recherche : toute peine mérite salaire ; mais quels salaires doit-on ? Les lois sont muettes sur ce point.

La seule loi admissible serait celle qui fixerait les salaires par sixième de vacation, car on ne doit pas payer pour un instant de recherche une vacation de trois heures.

On pourrait alors appliquer l'art. 168 du tarif.

La vacation est de trois heures ; le sixième de trois heures serait de demi-heure.

On allouerait pour chaque demi-heure :

A Paris........................... 1 fr. 50 c.

Dans les villes où il y a un tribunal de
première instance .... 1 fr. 00 c.

Dans les cantons ruraux............ 0 fr. 67 c.

Actes pour lesquels le ministère d'un Notaire est
indispensable.

Les donations entre-vifs ; les testamens pour actes
publics ; les actes respectueux et leur notification ; les
licitations, lorsqu'il y a des absens ou des mineurs ; les
inventaires après décès ; la représentation des absens dans
les inventaires, comptes, partages et licitations ; les actes
de notoriété ; les protêts ; la reconnaissance d'enfant
naturel ; les ventes de meubles aux enchères ; les actes
conférant hypothèque ou donnant main-levée d'une inscription hypothécaire ; les contrats de mariage.

Tels sont les actes pour lesquels le ministère d'un Notaire est indispensable.

Actes qui peuvent avoir lieu sous seing.

Tous les autres actes que ceux ci-dessus énumérés peuvent avoir lieu sous seing privé. (Art. 1317, C. C.)

Par exemple, veut-on vendre une propriété ? on peut
en faire la vente par acte sous seing. (Art. 1582, *ibid.*)

Ce mode de vente est tellement permis, qu'on peut

faire transcrire un tel acte tout aussi bien que s'il eût été notarié. (Avis du conseil d'état en date du 2 mai 1805.)

On peut purger les hypothèques légales, et faire courir les délais de surenchères, en suivant les formalités indiquées par les art. 2181, 2183, 2184, 2185, 2193, 2194 du code civil.

Veut-on donner l'authenticité accordée aux actes notariés? on fait le dépôt de l'acte sous seing au nombre des minutes d'un Notaire.

Toutes les parties signataires signent le dépôt ; alors l'acte sous seing est aussi authentique que s'il eût été notarié. (Art. 1322, *ibid.*)

On devrait toujours agir ainsi : on y trouverait mille avantages.

1° On serait maître de ses conventions, qui, toujours, en quelque point, sont défigurées par un tiers.

2° On ne serait plus abandonné à l'arbitraire d'un apprenti-Notaire.

3° On éviterait ces tracasseries qu'on éprouve aujourd'hui, et qui, jadis, étaient ignorées.

Tous les actes de nos pères, plus sages que nous, étaient sous seing ; le dépôt en était fait chez un Notaire.

Ils ne s'en rapportaient qu'à eux-mêmes ; ils savaient que l'œil du maître voit souvent plus clair que celui d'autrui.

Mode de vendre aux enchères ses immeubles.

On peut vendre, par son ministère ou par celui d'un mandataire, aux enchères et au plus offrant et dernier enchérisseur, ses immeubles. (Bruxelles, 26 juin 1811.)

On annonce cette vente comme le font les Notaires ; comme eux, on dresse un cahier des charges.

Comme on peut vendre, de même on peut louer ou affermer.

Affiche.

A VENDRE

PAR ADJUDICATION VOLONTAIRE,

Dimanche prochain 12 *mai* 1833, *heure de midi,*

UNE PIÈCE DE TERRE LABOURABLE,

Sise terroir de   , commune de   , bornée par MM.   , contenant deux hectares vingt ares.

Cette vente se fera sur les lieux.

On donnera là connaissance du cahier des charges.

S'adresser, pour avoir des renseignemens, à M.   , propriétaire à

Cahier des charges pour vendre une maison.

Le sieur Pierre D....., propriétaire ; demeurant à   , désirant vendre, à la chaleur des feux et au plus offrant et dernier enchérisseur, une maison

, à lui appartenant, suivant acte   , sise à   ,
bornée par MM.   , a dressé, conformément à
ses désirs, le cahier des charges dont la teneur suit :

Art. 1er. La maison susdite sera vendue dans l'état où
elle se trouve, mais avec toutes garanties de droit.

Art. 2. L'adjudicataire aura la jouissance ainsi que la
propriété à compter du jour de l'adjudication ; cependant
il sera tenu de souffrir le bail du sieur   ,
pour autant qu'il aurait droit de jouir.

Art. 3. Le prix sera payé immédiatement après la
transcription qui devra être faite dans quinzaine du jour
de l'adjudication.

Art. 4. L'adjudicataire ne pourra exiger d'autre titre
de propriété que celui ci-dessus relaté ; lequel ne sera
remis à l'adjudicataire que lors du paiement.

Art. 5. Le vendeur se réserve la faculté de ne pas ad-
juger, si le prix qu'il désire n'est pas offert.

Fait et signé en double original ce premier juin mil huit
cent trente-trois.

                                        D.....

Après communication prise des charges ci-dessus, il a
été offert par Jean M....., propriétaire, demeurant à
         , la somme de

Fait et signé double, ce dix juin mil huit cent trente-
trois.

                                Jean M.....

Quoique trois bougies se soient éteintes sans nouvelles enchères, les offres du sieur Jean M..... ne peuvent être acceptées par le sieur D.....

Fait et signé double, ce dix juin mil huit cent trente-trois.

D.....

Après communication prise du cahier des charges ci-dessus, il a été offert par Louis R....., propriétaire, demeurant à   , la somme de

Fait et signé double, ce dix juin mil huit cent trente-trois.

Louis R.....

Trois bougies s'étant éteintes sans nouvelles enchères, les offres ci-dessus, faites par le sieur Louis R....., sont acceptées par le sieur D....., ci-devant qualifié.

Fait et signé double, ce dix juin mil huit cent trente-trois.

D.....

Vu les offres faites par le sieur Louis R....., ci-devant qualifié, et acceptées par le sieur D....., aussi ci-devant qualifié, la maison ci-dessus mentionnée est demeurée adjugée audit sieur Louis R....., moyennant la somme de   , pour par lui en jouir en toute propriété et jouissance à compter de ce jour ; le tout conformément au cahier des charges ci-dessus, et d'après les offres faites par le sieur Louis R.....

Fait et signé double, ce dix juin mil huit cent trente-trois.

Louis R.....   D.....

Tel est le mode de vendre par son ministère ses propriétés; mode non prohibé par les lois.

Un des doubles est remis à l'adjudicataire; l'autre reste au vendeur.

On peut faire le dépôt d'une telle vente chez un Notaire; alors elle sera aussi authentique que si elle eût été faite par le Notaire même.

Cahier des charges pour un bail.

Le sieur Pierre S....., propriétaire, demeurant à
                    , désirant affermer, à la chaleur des feux et au plus offrant et dernier enchérisseur, une pièce de Terre labourable, contenant quatre hectares, sise terroir de   , commune de   ,
Bornée par MM.   ; a dressé, conformément à ses désirs, le cahier des charges, dont la teneur suit :

Art 1er. L'adjudicataire entrera en jouissance à la mi-mars prochain. Cette jouissance sera de neuf années.

Art. 2. Les fermages seront payables en deux termes: St.-Michel et mi-mars.

Fait et signé en double original, ce dix janvier mil huit cent trente-trois.

D...

Après communication prise du cahier des charges ci-dessus, il a été offert par Pierre D..., cultivateur, demeurant à　　　, la somme de　　　par chaque an ; ce qui a été accepté par le sieur M..., ci-devant qualifié.

A ce moyen, le sieur D..., devant qualifié, est et demeure adjudicataire, pour par lui jouir à titre de bail à ferme, pendant l'espace de neuf années, aux charges ci-dessus, de la pièce de terre faisant l'objet du présent.

Fait et signé double, ce vingt janvier mil huit cent trente-trois.

M...　　　　　　D...

Vente.

Entre nous soussignés, Pierre D..., propriétaire, demeurant à　　　, d'une part ; et Jean M..., cultivateur, demeurant à　　　, d'autre part ;

A été convenu de ce qui suit ;

Savoir :

Moi, Pierre D..., vends, cède et abandonne, par le présent, avec toutes les garanties de droit, mais sans fourniture ni répétition de mesure, à Jean M..., ce acceptant, une pièce de terre labourable, contenant　　　, sise à　　　, bornée par MM.

pour, par ledit M..., en jouir et disposer en toute propriété et jouissance, à compter de ce jour.

Cette vente est faite moyennant la somme de   , payable après la transcription qui devra avoir lieu dans la quinzaine.

La pièce de terre présentement vendue appartenait à moidit D..., au moyen de la vente que m'en avait faite Pierre D...., propriétaire, demeurant à   , suivant acte   , lequel en était propriétaire suivant acte   .

Moi, M..., reconnais avoir reçu du sieur D..., les actes ci-dessus relatés.

Fait et signé double, ce dix juin mil huit cent trente-trois.

M...   D...

Bail.

Entre nous soussignés, Pierre D..., propriétaire, demeurant à   , d'une part; et Jean M..., cultivateur, demeurant à   , d'autre part; A été convenu de ce qui suit;

Savoir :

Moi, Pierre D..., donne, par le présent, à bail à loyer, pour neuf années, qui commenceront à St-Michel prochain, à Jean M..., ce acceptant, pour ledit temps, une maison, sise à   , bornée par MM.   ; consistant en une cuisine, deux chambres, une cave et un grenier.

Ce bail est fait moyennant, par chaque an, la somme de deux cents francs, payable en deux termes égaux, de chacun cent francs, dont le premier sera fait le quinze mars prochain, et le second le jour de St-Michel mil huit cent trente-trois, pour ainsi continuer jusqu'à la fin du présent.

Le preneur sera tenu, en outre le prix ci-dessus stipulé, d'acquitter les impositions de toutes espèces.

Le bailleur sera tenu de faire paver en neuf la cuisine ;

Les latrines, le puits, la cour seront communs.

Il a été expressément convenu que le présent sera résolu par la mort du preneur.

Fait et signé double, ce premier août mil huit cent trente-deux.

           D...   M...

Obligation.

Je soussigné, Pierre D....., propriétaire, demeurant à   , reconnais, par le présent, devoir à Jean M....., cultivateur, demeurant à   , la somme de deux mille francs, valeur reçue comptant ; laquelle somme je promets et m'oblige rendre dans deux ans de ce jour, avec intérêts à cinq pour cent par an.

Pour sûreté du paiement de la susdite somme de deux mille francs, moidit Pierre D......., affecte et hypothèque une pièce de Terre labourable, contenant   , sise à   , bornée par MM.

Le présent sera, à la première réquisition du sieur Jean M....., reconnu pardevant Notaire, aux frais dudit Pierre D.....

Fait ce premier juin mil huit cent trente-trois.

Pierre D.....

Quittance.

Je soussigné, Pierre J...., propriétaire, demeurant à   , reconnais avoir reçu de Victor M..., la somme de   , montant de la vente par moi à lui faite, par acte sous seing, en date du   , dont quittance.

Fait ce premier février mil huit cent trente-trois.

Pierre J....

Billet à Ordre.

Au premier août prochain, je paierai à l'ordre de M. T....., la somme de soixante francs, valeur reçue comptant.

Fait ce premier avril mil huit cent trente-trois.

M...

Partage.

Entre nous soussignés, Pierre D..., propriétaire, demeurant à   , d'une part ; et Jean M..., marchand, demeurant à   , d'autre part ;

Avons procédé à l'amiable, au partage de la succession de feu Louis D...., notre père, décédé à   , le   , ainsi qu'il suit :

Actif.

L'actif consiste :

1° En la somme de douze cents francs, montant de la vente mobilière, ci............ 1,200 f.

2° En une maison sise à   , bornée par   , estimée entre nous à trois mille francs, ci...... 3,000 f.

3° En une obligation de dix-huit cents fr., due par D..., ci....... 1,800 f.

} 6,000 f.

Passif.

Le passif consiste :

1° En la somme de cent fr. dus à M. D..., cultivateur, demeurant à   , ci...... 100 f.

2° En celle de cinquante fr. dus à M. M..., de   , ci...... 50 f.

3° En celle de cinquante fr. dus à M. D...., de   , ci..... 50 f.

} 100 f.

COMPOSITION DES LOTS.

Premier lot.

.. Ce lot est composé :

1° De la somme de douze cents fr., n° 1ᵉʳ de l'actif, ci...................... 1,200 f.

2° De l'obligation D..., n° 3 de l'actif, ci................ 1,800 f.

} 3,000 f.

Ce lot paiera la somme de cent francs, n° 1ᵉʳ du passif.

Deuxième lot.

Ce lot est composé de la maison n° 2 de l'actif, ci.............................. 3,000 fr.

Ce lot sera tenu d'acquitter les créances n°ˢ 2 et 3 du passif.

Tirage.

Les deux lots ainsi composés ont été tirés au sort:

Le premier est échu à Pierre D... ;

Le second est échu à Jean D...

Nous, Pierre et Jean D..., nous sommes, en conséquence, mutuellement envoyés en possession des biens, meubles et immeubles composant les lots ci-dessus, qui viennent de nous échoir, pour par nous en jouir et disposer dès ce jour, en toute propriété, sous les garanties de droit. ....

Moyennant ce dessus, nous renonçons réciproquement à ne rien nous demander pour raison de la succession dont il s'agit.

Fait et signé double, ce premier juin mil huit cent trente-trois.

P. D...   J. D...

Bordereau de créance.

Bordereau de créance résultant d'un acte reçu par Mᵉ   , le

Au profit de Pierre D..., propriétaire, demeurant à   , qui élit domicile en sa demeure

Contre Jean M..., marchand, demeurant à

Pour lequeldit Pierre D..., inscription hypothécaire est requise, en vertu de l'obligation ci-dessus relatée, exigible le dix octobre mil huit trente-six, sur une maison sise à   , apppartenant audit M..., bornée par MM.   , contenant   , et ce, pour la somme de deux mille quatre cents fr., composée ainsi qu'il suit :

Principal, deux mille fr., ci........... 2,000 fr.
Intérêts, deux années, deux cents fr., ci.. 200 fr.
Mise à exécution, deux cents fr., ci.... 200 fr.

Total....... 2,400 fr.

Requis par D...

Enregistrement.

Les droits d'enregistrement sont :

Pour tous actes translatifs de propriété à titre onéreux, de meubles, pour 100 fr . . . .   2 fr.

Pour tous actes translatifs de propriété, à titre onéreux, de biens immeubles, pour 100 fr. . . .   5 fr 50 c.

Pour les baux à ferme ou à loyer, pour le prix cumulé de toutes les années, pour cent fr. . . .   0 fr 20 c.

Pour obligation, pour 100 fr. . . . .   1 fr.

Pour cautionnement de sommes et objets mobiliers, pour cent fr. . . . .   0 fr. 50 c.

Pour antichrèse ou hypothèque, pour 100 fr.   2 fr.

Pour cautionnement de bail à loyer ou à ferme, la moitié du droit fixe pour ces baux.

Pour quittance, pour 100 fr. . . . . .   0 fr. 50 c.

Pour partage de biens meubles et immeubles entre co-propriétaires, à quelque titre que ce soit   5 fr. fixe.

S'il y a retour, le droit sur ce qui en sera l'objet sera perçu aux taux réglés pour les ventes.

Pour contrats de mariage. . . . . .   5 fr. fixe.

Plus, pour avantages entre époux. . .   5 fr. fixe.

Et pour donation entre vifs, moitié du droit perçu pour cet acte.

Pour titres-nouvels . . . .   5 fr. fixe.

Pour dépôt d'actes au nombre des minutes d'un Notaire. . . . . 2 fr. fixe.

Pour procuration. . . . . 2 fr. fixe.

Pour ratification . . . . 1 fr. fixe.

Pour transcription d'un acte de vente. . . 1 fr. fixe.

Plus, le droit du Conservateur, qui est d'un franc
pour 1,000 fr., et le droit de timbre et répertoire, droit
minime.

Il convient d'ajouter, pour subvention, le dixième
en sus.

Concussion.

Il ne peut être perçu, pour les actes tarifiés, de plus
forts émolumens que ceux fixés par le tarif, sous peine de
concussion. (Art. 174, C. P.)

Percevoir pour répertoire 25 centimes; pour sceau
50 centimes; pour timbre 1 fr. 25 c., tandis qu'il n'est
employé qu'un timbre de 35 centimes; compter l'expédition dans les honoraires d'un acte, avant de savoir si
on la demandera; percevoir des droits de recherches,
tandis qu'il n'en a pas été fait, ce sont autant de choses
qu'on ne doit pas.

Dépôt.

Tout dépôt doit être restitué immédiatement après qu'il
est réclamé. (Art. 1944, C. C.)

Du jour que le dépositaire est mis en demeure par une sommation, il doit les intérêts. (Art. 1936, *ibid.*)

Le dépositaire ne peut se servir de la chose déposée (art. 1930, *ibid.*); il doit rendre identiquement la chose même qu'il a reçue. (Art. 1932, *ibid.*)

Le dépôt volontaire doit être prouvé par écrit : la preuve testimoniale n'en est pas reçue pour valeur excédant 150 fr. (Art. 1923.)

MODE DE PURGER LES HYPOTHÈQUES.

Hypothèques non inscrites.

Faire transcrire au bureau de la conservation des hypothèques les contrats qui confèrent la propriété ; tel est le mode de purger les hypothèques non inscrites. (Art. 2181, C. C.)

La simple transcription ne purge pas les hypothèques établies sur les immeubles. (Art. 2182, C. C.)

Les hypothécaires ont quinzaine du jour de la transcription sur les registres du Conservateur, pour faire inscrire leurs titres. (Art. 834, C. P.)

Hypothèques inscrites.

Notifier son titre aux créanciers inscrits, au domicile par eux élu dans leurs inscriptions ; tel est le mode de purger les hypothèques inscrites. (Art. 2183, 2184, 2185, 2186, C. C.)

Il faut remarquer que le nouveau propriétaire n'est pas tenu d'attendre un ordre; qu'il peut consigner (Art. 2186, C. C.)

Hypothèques légales non inscrites.

Se conformer aux dispositions des art. 2193, 2194, 2195 du code civil; tel est le mode de purger ces hypothèques.

Se conformer à l'avis du conseil d'état du 1er juin 1807, c'est-à-dire, à l'art. 683 du code de procédure, et à l'art. 2194 du code civil; tel est le mode de purger les hypothèques légales d'une femme ou de ses représentans, lorsque la femme ou ses représentans sont inconnus à l'acquéreur.

Il faut agir de même pour purger les hypothèques légales d'un mineur, lorsque le subrogé-tuteur est inconnu.

Conduite à tenir pour faire un prêt.

Prendre communication du contrat de mariage de l'emprunteur, s'il est marié. Telle est la première chose à faire par un prêteur. Par là, on connaîtra si le mariage a eu lieu sous le régime dotal, l'importance de l'hipothèque de la femme.

On doit aussi s'assurer si l'emprunteur n'est pas ou n'a pas été chargé de tutelle; dans ce cas, on devrait, pour n'être pas victime , prévoir quel sera le reliquat du compte de tutelle , ou connaître quel est ce reliquat.

On doit exiger le certificat de toutes les inscriptions subsistantes contre l'emprunteur ; les titres de la propriété qu'on doit hypothéquer ; les baux , les bulletins de propriété. Ces bulletins font connaître la valeur approximative de la propriété.

S'il s'agit d'hypothéquer une maison , on se fait communiquer les police d'assurance.

On doit examiner s'il n'est rien dû aux précédens propriétaires, leur privilége se conserve nonobstant la non-inscription.

On doit encore examiner s'il n'a pas été omis, lors des partages , quelque héritier ayant droit dans la propriété à hypothéquer.

S'il en était ainsi, il conviendrait de se conformer à l'art. 882 , C. C. ; ainsi on agit lorsqu'on hypothèque des biens indivis.

Utilité d'un projet.

Toutes les fois qu'on a un acte à faire, il est prudent de se munir du projet de ses conventions ; non pas d'un projet fait à la hâte , mais d'un projet médité , soumis à un ou deux jurisconsultes, qui répareront les oublis, les omissions qui auraient pu avoir lieu.

Tel agit un habile architecte ; il fait un croquis , le refait dix fois ; enfin , après l'avoir médité long-temps , un dernier coup de pinceau , finit un plan parfait , dont l'exécution est charmante.

Un projet tel que celui désiré est toujours avantageux pour les parties.

Par là disparaîtront ces rédactions étendues, oiseuses , dont chaque syllabe vaut pour un Notaire un demi-centime, lors de la levée de l'expédition.

Si l'on veut contracter sans un projet , au moins qu'on se fasse assister d'un conseil : en tout, chacun son métier.

Consignation

Rien de plus facile à faire qu'une consignation. (Art. 1257, 2186, C. C.; Art. 2 , n° 1er, de l'ordonnance du 3 juillet 1816.)

Rien de plus facile à retirer. (Art. 15 , *ibid.*)

La consignation est remise à qui de droit, dix jours après la réquisition de paiement.

Nota. La caisse des consignations paie l'intérêt de toute somme consignée, à raison de trois pour cent, à compter du soixante-unième jour à partir de la date de la consignation , jusque et non compris celui du remboursement. (Art. 14 , *ibid.*)

La caisse des dépôts et consignations est autorisée, à Paris, à recevoir les dépôts volontaires des particuliers. (Art. 1er de l'ordonnance du 3 juillet 1816.)

Les sommes déposées porteront intérêt à trois pour cent, pourvu qu'elles soient restées à la caisse trente jours. (Art. 5 , *ibid.*)

Le dépôt sera rendu au déposant à l'époque convenue par l'acte de dépôt, et à défaut de convention, à simple présentation (art. 6 , *ibid.*), sans autre formalité que de remettre la reconnaissance de la caisse, et de signer sa quittance.

Du choix d'un Notaire.

Le choix d'un Notaire appartient :

Pour une vente, à l'acquéreur ;

Pour échange, à l'échangiste qui paie la soulte ;

Pour prêt, au prêteur ,

Pour transport, au cessionnaire ;

Pour mariage, à la future ;

Pour baux, au bailleur ;

Pour quittances , à celui qui fait le paiement ;

Pour inventaire, à l'époux survivant ; aux père et mère ; aux héritiers ;

Les minutes des actes où deux Notaires sont concurremment appelés, demeurent au plus ancien.

Telle est la règle consacrée par le temps.

Des conférences.

On doit éviter autant que possible les conférences ;

On a soin de mettre en première ligne celles qui ont eu lieu avant la passation d'un acte ;

On les fait figurer même en tête d'un mémoire à taxer ; avec cela, on a toujours raison lors de la taxe.

Tel est le mode de se faire payer d'un conseil.

De l'agence d'affaires.

L'Agence d'affaires est encore une des branches du notariat.

On ne se charge pas d'un mandat écrit : on se contente du mandat *ad negocia* ; il est plus avantageux ; on veut être à son aise : croire qu'on le remplit gratuitement, quoique de sa nature le mandat soit gratuit (art 1986 code civil), c'est être dans l'erreur.

On tient note de tout ; on sait que les petits ruisseaux font les grandes rivières.

Quand un Notaire n'agit plus comme Notaire, il doit être salarié comme mandataire : par exemple, on pourrait allouer pour insertion dans un journal, à Paris, 2 fr.; partout ailleurs, 1 fr. 50 c. (Art. 105, T.)

Pour légalisation de la signature de l'imprimeur; pour inscription hypothécaire ; pour certificat ; pour réquisition d'un huissier ; pour façon d'affiches ; pour façon de bordereau ; mêmes émolumens.

4

Quant aux voyages, par myriamètre, 4 fr.; par journée, 20 fr. (Art. 66 , T.)

Du mode de se procurer copie d'une vente d'immeubles avec économie.

Veut-on avoir copie d'une vente de biens immobiliers ? qu'on s'adresse au bureau de la conservation des hypo-thèques ; là, on la délivrera tout aussi exacte, tout aussi authentique que celle du Notaire.

Les rôles de la conservation sont moins chers que ceux des Notaires ; les rôles des Notaires sont plus courts que ceux de la conservation ; par conséquent, économie.

De la nécessité d'un Tarif.

L'art. 51 de la loi du 25 ventôse an XI, et l'art. 173 du tarif de 1807 sont trop commodes.

Avec ces articles, on peut, par exemple, s'allouer, par chaque mille, pour une vente de 150,000 fr., les mêmes émolumens que pour chaque mille d'une de 2,000 fr. ; pour un contrat de mariage, 100 fr. ; pour un autre par-faitement semblable, 300 fr.

L'intérêt des parties contractantes réclame avec urgence un tarif ; il n'y a que le notariat et ses partisans qui peu-vent élever la voix.

Tenir, dans l'état actuel de la législation, à la lettre de l'art. 51 de la loi de ventôse, et de l'art. 173 du tarif de

1807, tel est le moyen de faire sentir la nécessité d'un tarif, et de faire croire à la possibilité de ce tarif.

Alors le notariat cesserait d'être l'objet de l'étonnement public.

De la possibilité d'un Tarif.

Pour les Notaires, un tarif est, quoiqu'on en soutienne l'impossibilité, aussi possible pour eux que pour les Huissiers et les Avoués :

Il n'est peut-être pas un acte dont la rédaction soit la même; les difficultés qui se rencontrent dans un acte ne se rencontrent pas dans un autre; voilà les argumens pour l'impossibilité d'un tarif.

Les Huissiers et les Avoués en auraient pu dire autant.

Un exploit, un acte d'Avoué, selon que les faits l'exigent, est libellé en peu de mots ou longuement.

Cependant le tarif de 1807 existe, telle est la réponse à l'impossibilité d'un tarif pour le notariat. (Voir page 18).

D'ailleurs, les difficultés d'un acte sont compensées par un autre, dont la rédaction est sans difficultés, et il ne peut être méconnu qu'il en existe plus de la dernière espèce que de la première.

De la possibilité d'une loi qui oblige les Notaires à détailler en marge le coût des expéditions.

Ce qui se pratique dans les greffes pourrait se pratiquer dans le Notariat.

Avec une telle loi, les dispositions de l'article 174 du code pénal, aujourd'hui si impuissantes, faute de preuve ostensible, ne seraient plus une antinomie.

En attendant cette loi, on doit se faire donner un reçu détaillé des droits perçus.

Tout argent doit reçu.

De la nécessité d'une loi qui défende les dépôts d'argent.

Le Notariat est aujourd'hui à une hauteur dont un jour les effets se feront sentir.

Cette élévation est due plus aux dépôts qu'aux émolumens : avec un dépôt on fait la banque ; on se livre aux spéculations.

Tel aurait 10,000 fr., 30,000 fr., 50,000 fr. dans le commerce, qui sont restés, par suite d'un dépôt, dans les coffres d'un Notaire, (on le dit au déposant).

Tel qui serait dans l'aisance, qui par l'éloquence intéressée d'un Notaire, est dans la misère : malheureux aveugle, ouvre les yeux.

Tout citoyen est un des membres de la grande société ; tout citoyen doit y trouver protection contre la ruse et l'astuce.

L'intérêt social ne veut point qu'à l'aide de son privilége exclusif, une classe avide dévore celle qui n'a pour privilége que la faiblesse, la franchise et les talens de la culture.

L'argent, pour l'utilité de tous, doit être exploité par son maître.

Que la sagesse fasse ce que la loi fera un jour ! la société s'en trouvera bien.

L'anecdote suivante peut ici trouver place :

Un jeune homme sans fortune achète une étude : un heureux hasard voulut qu'un million tombât entre ses mains ; après bien des réflexions, il résolut de posséder légalement le million. Le gouvernement venait de créer un emprunt viager ; le jeune homme alla sur-le-champ lui donner son million, et en reçut en échange une inscription de cent mille francs de rente viagère : il espère que les contestations qui avaient donné lieu au dépôt dureront au moins cinq à six ans ; que les intérêts des cent mille francs qu'il touchera tous les ans, cumulés avec les cent mille francs mêmes, rétabliront le million ; et que, par-là, il se trouvera possesseur de cent mille francs de rente.

Tel a été le moyen dont s'est servi le jeune Notaire pour amasser une des fortunes les plus remarquables dont le Notariat ait gardé le souvenir.

Ce dépôt enfanta mille procès ; mille vains prétextes ; il faut le croire : le feu se mit aux créances ; il ne faut pas en douter : le diable avec ses cornes n'aurait rien pu démêler dans cette fusée processive. Il fallait traîner en longueur ; enfin, créanciers sur créanciers, tous munis de leurs bordereaux, arrivent chez le Notaire : il leur faut tous se réunir ; le Notaire ne doit pas payer plus que le million déposé : ce qui parut juste ; des oppositions interviennent ; main levée en est obtenue.

On est malade ; on a un voyage à faire ; il faut ajourner la convocation.

On convoque un créancier ; on ne convoque pas l'autre ; on ajourne l'un pour un jour, l'autre pour un autre ; on paie les plus redoutables ; on éloigne les autres.

Après six ans, on possède cent mille francs de rente.

Restitution de Dépôt.

Souvent le prix d'une vente est déposé chez un Notaire ; les parties, trompées par l'usage, croient que le Notaire est leur débiteur ; qu'elles ne doivent connaître que lui ; elles sont dans une erreur grave : le Notaire ne leur doit rien ; elles ne peuvent rien lui demander. Elles doivent s'adresser à leurs acquéreurs ; le commandement, pour agir régulièrement, ne peut être fait qu'à ces derniers.

Création de Notariats.

Toute société doit procurer à chacun de ses membres, autant qu'il est en son pouvoir, les moyens d'existence ; tel agit un bon père. C'est même un devoir attaché à la paternité.

Il en est d'une grande société comme d'une petite, les devoirs sont les mêmes ; elles doivent l'une et l'autre multiplier les ressources, au lieu de les concentrer ; elles doivent mettre le grand nombre dans l'aisance. Tel doit être le but de toute société qui bâtit solidement ; il ne suffit pas de gorger de richesses un petit nombre de créatures, qui, plus tard, oubliant leur bienfaiteur, souvent conspirent contre lui, pour se dispenser d'être reconnaissantes.

Il n'en est pas ainsi d'un bienfait multiplié ; tous ceux qui l'ont reçu ne peuvent être ingrats, et le seront d'autant moins qu'ils seront moins opulens.

Aujourd'hui, le notariat, concentré dans un nombre trop minime, pour l'avantage de la société, pourrait l'être moins.

Il doit y avoir dans les villes de cent mille habitans et au-dessus, un Notaire, au plus, par six mille habitans ; dans les autres villes, bourgs ou villages, il doit y avoir deux Notaires au moins, ou cinq au plus par chaque arrondissement de justice de paix. (Art. 31, loi du 25 ventôse an xi.)

Pour former l'établissement des Notaires de justice de paix, dans la proportion du nombre d'habitans que renferme la ville où siége la justice de paix, avec celui des communes rurales dépendantes de la même justice de paix, on doit comprendre les Notaires dont la résidence est fixée

dans la ville. (Avis du consseil d'État en date du 7 fructidor an XII.)

Le minimum existe partout ; mais nulle part le maxi-
mum.

Il existe en France environ huit mille notariats ; il
pourrait en exister un nombre double. Huit mille jeunes
gens vivraient dans la gaîté, le bonheur, bénissant un
gouvernement bienfaiteur, qui vivent dans l'ennui et la
tristesse, condamnés à croupir dans l'oisiveté, mère de
tous les vices. Il n'y a qu'un gouvernement rétrograde qui
veuille concentrer le privilége ; un tel gouvernement veut,
pour faciliter les manœuvres anti-sociales, le petit nombre ; mais il n'en doit pas être ainsi dans un gouvernement libéral et bienfaisant ; un tel gouvernement favorise
l'aisance sans souffrir thésauriser.

Le notariat d'aujourd'hui thésaurise, on ne peut le méconnaître : de simples particuliers ne sont pas plus tôt
Notaires qu'ils deviennent, en quelques années, de grands
et riches propriétaires.

Créer des notariats, serait un remède à ce mal ; la con-
currence, comme en autre chose, deviendrait nécessaire ;
la société, sous un double rapport, s'en trouverait bien.

Dernier mot.

Un homme ne peut s'enrichir qu'au détriment des
autres hommes.

Sans le malheur de dix, de cent, de mille, aucun bonheur ne peut exister.

Les hommes naissent égaux; on ne peut le méconnaître.

La faim, la soif, les autres nécessités de la vie sont à satisfaire, et veulent l'être le plus agréablement possible.

De là ces ruses, ces combats adroits pour obtenir d'autrui, sous le voile de ses intérêts, ses biens.

De là ces conseils désintéressés, mais qui n'en ont que l'apparence.

De là la dépendance dans laquelle on aime à tenir les autres, sachant qu'on obtient plus par là que par la reconnaissance.

Un Notaire est un homme; le désir des richesses, l'ambition, la faiblesse, le jeu, l'amour, enfin toutes les passions qui dégradent l'homme, peuvent s'emparer de son cœur.

Mon opinion est de ne rien faire à la hâte et sans examen.

Le premier feu nous entraîne : on agit, on se prépare des chagrins.

Conseille-t-on de faire un acte, une vente, un achat, un dépôt de pièces : qu'on examine, qu'on se hâte lentement; c'est la maxime de César.

Souvent, pour refuser le paiement de ce qui n'est pas dû, on passe pour un mauvais payeur, un chicaneur.

Souvent, pour vouloir une chose juste, on est appelé mauvaise tête.

Souvent, pour ne pas vouloir se laisser tromper, on est injurié.

Eh! bon Dieu! à quoi bon faire le bonheur des autres par son malheur! Chacun le sien ; l'équité le veut ainsi. Lutter de toutes ses forces pour le conserver, c'est aussi le vœu de la nature.

Enfin , ne jamais faire de dépôt d'argent, tel est encore mon opinion. On ne peut toucher une motte de beurre, dit un proverbe, sans se graisser les doigts. Un tel dépôt a toujours enfanté mille procès, a appris l'expérience.

Retirer les pièces confiées pour la passation d'un acte, dès que cet acte a reçu sa perfection ; ne jamais souffrir les élections de domicile en l'étude d'un Notaire, à moins que réellement il y ait utilité, tel est mon avis.

On peut dire que faire, autant que possible, ses affaires soi-même; que payer comptant, c'est gagner cent pour cent; qu'emprunter, c'est se ruiner ; que vendre pour acheter, c'est manger son bien.

Loi du 25 ventôse an X.

Art. 1er. Les Notaires sont les fonctionnaires publics établis pour recevoir tous les actes et contrats auxquels les parties doivent ou veulent faire donner le caractère d'authenticité attaché aux actes de l'autorité publique, et, pour en assurer la date, en conserver le dépôt, en délivrer des grosses et expéditions.

. . . .

Art. 3. Ils sont tenus de prêter leur ministère lorsqu'ils en sont requis.

. . . .

Art. 23. Les Notaires ne pourront également, sans l'ordonnance du Président du tribunal de première instance, délivrer expédition ou donner connaissance des actes à d'autres qu'aux personnes intéressées en nom direct, héritiers, ou ayant-droits, à peine de dommages-intérêts, d'une amende de cent francs, et d'être, en cas de récidive, suspendus de leurs fonctions pendant trois mois, etc.

. . . .

Art. 51. Les honoraires et vacations des Notaires seront réglés à l'amiable, entr'eux et les parties ; sinon, par le tribunal civil de la résidence du Notaire, sur l'avis de la chambre, et sur simples mémoires, sans frais.

Arrêté du 2 nivôse an XII.

. . . .

Art. 2. Les attributions de la chambre seront :

. . . .

3° De prévenir ou concilier toutes plaintes et réclamations de la part des tiers contre les Notaires, à raison de leurs fonctions ; donner simplement son avis sur les dommages-intérêts qui en résulteraient, et réprimer par voie de censure et autres dispositions de discipline, toutes infractions qui en seraient l'objet, sans préjudice, devant les tribunaux, s'il y a lieu.

Tarif du 16 février 1807.

. . . .

Art. 66. Il ne sera rien alloué aux Huisssiers pour transport jusqu'à un demi-myriamètre.

Il leur sera alloué au-delà d'un demi-myriamètre, pour frais de voyage qui ne pourra excéder une journée de cinq myriamètres (dix lieues anciennes), savoir ; au-delà d'un demi-myriamètre, et jusqu'à un myriamètre, pour l'aller et le retour :

A Paris, 4 fr. ;

Dans les villes et cantons ruraux, 4 fr. ; au-delà d'un demi-myriamètre, il sera alloué, par chaque demi-my-riamètre, sans distinction, 2 fr.

. . . .

Art. 105. Pour l'extrait pareil à celui prescrit par l'art. 682, qui doit être inséré dans un journal :

Il sera passé autant de droits à l'Avoué qu'il y aura eu d'insertions prescrites par le code.

A Paris, 2 fr.

Dans le ressort, 1 fr. 50 cent.

Pour faire légaliser la signature de l'imprimeur par le Maire, s'il y a lieu :

A Paris, 2 fr. ;

Dans le ressort, 1 fr. 50 cent.

. . . .

Art. 113. . . . .

Indépendamment des émolumens ci-dessus fixés, il sera alloué à l'Avoué poursuivant, sur le prix des biens dont l'adjudication sera faite au-dessus de 2,000 fr.; savoir : depuis 2,000 fr. jusqu'à 10,000 fr., un pour cent.; sur la somme excédant 10,000 fr. jusqu'à 50,000 fr., demi pour cent; sur la somme excédant 50,000 fr. jusqu'à 100,000 fr., un quart pour cent; et sur l'excédant de 100,000 fr. indéfiniment, un huitième pour cent.

En cas d'adjudication pour des biens compris dans la même poursuite, en l'état où elle se trouve lors de l'adjudication, la totalité des prix des lots sera réunie pour fixer le montant de la remise.

Il ne sera passé que trois quarts de la remise aux Avoués des tribunaux de département. . . .

. . . .

Art. 151. . . . .

Il ne sera passé aux Juges de paix, aux Experts, aux Avoués, aux Notaires, et à tous Officiers ministériels, que trois vacations par jour, quand ils opéreront dans le lieu de leur résidence; deux par matinée, et une seule l'après-dîner.

. . . .

Art. 166. Il sera taxé aux dépositaires qui devront représenter les pièces de comparaison en vérification d'écritures ou arguées de faux , en inscription de faux incidens, indépendamment de leurs frais de voyage , par chaque vacation de trois heures devant le Juge-Commissaire ou le Greffier ; savoir :

. . . .

2.° Aux Notaires de Paris, 9 fr. ;

Aux Notaires des départemens , 6 fr. 75 cent.

. . . .

Nota. Les Notaires des cantons sont compris dans les Notaires des départemens.

La vacation est ici pour les Notaires des départemens sans distinction, de 6 fr. 75 cent. ; elle n'est point de 6 fr. et de 4 fr. comme ci-après.

CHAPITRE VII.

Des Notaires.

I.

Art. 168. Il sera taxé aux Notaires pour tous les actes indiqués par le code civil et par le code judiciaire :

Pour chaque vacation de trois heures,

1° Aux compulsoires faits en leur étude (C. de P., art. 849);

2° Devant le juge, en cas que leur transport devant lui ait été requis (C. de P., art. 852) ;

3° A tout acte respectueux et formel pour demander le conseil du père et de la mère, où celui des aïeuls ou aïeules, à l'effet de contracter mariage (C. C., art. 151, 152, 153 et 154);

4° Aux inventaires contenant estimation des biens, meubles et immeubles des époux qui veulent demander le divorce par consentement mutuel (C. C., art. 279) ;

5° Aux procès-verbaux qu'ils doivent dresser de tout ce qui aura été dit et fait devant le Juge, en cas de demande en divorce par consentement mutuel (C. C., art. 281, 284 et 285);

6° Aux inventaires après décès (C. de P. C., art. 941 et suivans) ;

7° En référé devant le Président du tribunal, s'il s'élève des difficultés, ou s'il est formé des réquisitions pour l'administration de la communauté, ou de la succession, ou pour tous autres objets (C. de P. C., art. 944);

8° A tous les procès-verbaux qu'ils dresseront en tous autres cas, et dans lesquels ils seront tenus de constater le temps qu'ils y auront employé (C. de P. C., art. 977, 978, etc) ;

9° Aux greffes pour y déposer la minute du procès-verbal des difficultés élevées dans les partages, contenant les dires des parties (C. de P. C., art. 977);

A paris, 9 fr.;

Dans les villes où il y a un tribunal de première instance, 6 fr.;

Partout ailleurs, 4 fr.

Art. 169. Dans tous les cas où il est alloué des vacations aux Notaires, il ne leur sera rien passé pour les minutes de leurs procès-verbaux.

II.

Art. 170. Quand les Notaires seront obligés de se transporter à plus d'un myriamètre de leur résidence, indépendamment de leur journée, il leur sera alloué pour tous frais de voyage et nourriture, par chaque myriamètre, un cinquième de leurs vacations, et autant pour le retour ; et par journée, qui sera comptée à raison de cinq myriamètres, aussi pour l'aller et le retour, quatre vacations.

Nota. La journée est comptée pour quatre vacations ; ce qui donne, à Paris, 56 fr., dont le cinquième est de 7 fr. 20 cent. ; par conséquent, les salaires dus par chaque myriamètre sont de 7 fr. 20 cent. à Paris, pour l'aller ; autant pour le retour, comme on l'a vu plus haut au mot *Transport.*

III.

Art. 171. Il sera passé aux Notaires, pour la formation des comptes que les co-partageans peuvent se devoir de la masse générale de la succession des lots et des fournissemens à faire à chacun des co-partageans, une somme correspondante au nombre des vacations que le Juge arbitrera avoir été employées à la confection de l'opération.

IV.

Art. 172. Les remises accordées aux Avoués sur les prix des ventes d'immeubles seront allouées aux Notaires dans les cas où les tribunaux renverront des ventes d'immeubles par-devant eux, mais sans distinction de celles dont le prix n'excédera pas 2,000 fr.; et, au moyen de cette remise, ils ne pourront rien exiger pour les minutes de leurs procès-verbaux de publication et d'adjudication.

V.

Art. 173. Tous les autres actes du ministère des Notaires, notamment les partages et ventes volontaires qui auront lieu par-devant eux, seront taxés par le Président du tribunal de première instance de leur arrondissement, suivant leur nature et les difficultés que leur rédaction aura présentées, et sur les renseignemens qui lui seront fournis par les Notaires et les parties.

VI.

Art. 174. Les expéditions de tous les actes reçus par les

Notaires , y comppis celles des inventaires et de tous procès-verbaux , contiendront vingt-cinq lignes à la page et
quinze syllabes à la ligne , et leur seront payées , par chaque rôle , .

A Paris , 3 fr.

Dans les villes où il y a un tribunal de première instance , 2 fr.

Partout ailleurs , 1 fr. 50 cent.

Bruxelles, 26 juin 1811.

La cour, attendu que les articles 827, 1686, 1687
et 1688 du code civil , ne sont point applicables à l'espèce ,
parce qu'il s'agit exclusivement de licitation , que l'art.
822 suppose portée en justice ; attendu que l'art. 746 du
code de procédure civile ne statue autre chose que la
défense de porter en justice les ventes volontaires d'immeubles , et qu'ainsi cet article n'est pas plus applicable
à la cause que ceux du code civil ; par ces motifs et ceux
de l'ordonnance de référé dont est appel , met l'appellation
au néant , avec amende et dépens.

Motifs de l'ordonnance de référé.

Attendu qu'en thèse générale , tout particulier est libre
de vendre sa propriété de la manière qui lui paraît la
plus avantageuse, soit par acte privé, soit enfin par

acte notarié : que, pour le priver de cette faculté, il faudrait établir une exception à la loi générale par des **lois** positives et expresses, relatives aux ventes d'immeubles faites publiquement ; que cette exception n'existe nullement dans la loi du 25 ventôse an xi ; qu'elle n'existe pas davantage dans l'arrêté du 12 fructidor an iv, uniquement relatif aux ventes de meubles ou effets mobiliers ; qu'il en résulte même le contraire par la règle, *inclusio unius fit exclusio alterius ;* qu'il faut distinguer entre un acte public et un acte fait en public ; enfin, que rien ne s'oppose à ce qu'une vente, quoique constatée par acte privé, soit faite publiquement.

Nota. Affiches annonçant qu'il sera procédé à la vente par la voie des enchères, de plusieurs immeubles appartenant au sieur Vanderhaegen.

Les Notaires de Bruges forment opposition ; référé ; ils sont déboutés de leurs prétentions.

Tels sont les faits qui ont fait naître les décisions ci-dessus.

FIN.

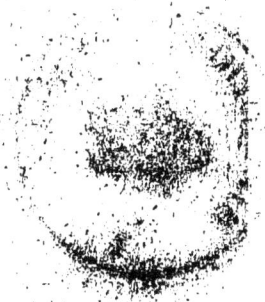

FIN

TABLE.

A.

B.

C.

R.

S.

T.

V.

FIN DE LA TABLE.

A BEAUVAIS, DE L'IMPRIMERIE DE MOISAND